順天府志卷之七目録

人物

〔注一〕正文中分「孝子」和「義士」兩部分。

〔注二〕正文中分「節婦」和「烈婦」兩部分。

人物類小言

兩間蕃育，人獨秉靈。竊考幽都，特盛典型。上自有虞，下逮有明。賢豪輩出，穎達踵生。或銘彝鼎，或振文林。皎皎節行，日月耀精。匹夫裕德，亦著芳名。萍栖留美，丘壑含芬。羽釋何常，每脱清塵。總皆岳降，誰非國英。我朝基命，雅化維新。鴻才碩彦，應運蔚興。較諸往昔，更异而神。志人物類。

徵闢

元

梁陟，良鄉人。以名儒徵，領燕京編修。卒，謚「通獻」先生。

明

董倫，字常世，宛平人。性醇謹，元末累征不出。明初，以薦舉爲贊善大夫，累官禮部右侍郎，與方孝孺同時入侍經筵。洪武庚辰會試，爲考試官，拔湖廣楊子榮諸公，稱得人焉。及靖難兵起，倫年八十餘，每念革除事，悒悒吁嘆，數日卒。歸葬宛平。

開濟，北平人。博學不仕。元末，携家居洛

陽。明初，訪求遺逸，舉爲府學訓導，升國子助教，以疾罷歸。至洪武十四年，上知濟有實行，召授刑部尚書。濟敏慧多才辯，凡諸大政，經畫中理。人多忌其才望，且以上信任之專，謗言遂作，竟暴卒。

茅大芳，大興人。〔注一〕少有奇才，洪武間，以儒士應辟，歷官王府長史。建文即位，擢副都御史。及靖難兵起，其忠烈之氣見於詩歌，死於建文四年八月，葬府城西。方正學曾爲之記。

蘇恭讓，玉田人。明初，舉聰明正直，任漢陽知府。豈弟慎密，爲治簡而明，嚴而不苛，人以是稱賢郡守。

〔注一〕茅大芳《明史》本傳作「泰興人」，《清一統志》作「秦興人」，《畿輔通志》作「大興人」。而明人《損齋備忘録》稱其爲「廣陵茅大芳」。

進士

明

洪武辛亥科

胡宗禧 霸州人

洪武乙丑科

馮順 涿州人

洪武甲戌科

劉本 玉田人

洪武丁丑科

施禮東安人

永樂壬辰科

張聰漷縣人

永樂乙未科

王翔　張鵬飛　黃懋

雷屯俱順天人。　楊璵涿州人

宣德丁未科

李聰通州人　王亮大城人

宣德庚戌科

劉清順天人

宣德癸丑科

黃綬平谷人　程珵　宋雍

張傑俱順天人。　張敏永清人

正統丙辰科

李震順天人　張溥平谷人　劇復良鄉人

正統己未科

章繪順天人　殷謙涿州人

正統壬戌科

翟敬　于璠霸州人　韓雍

劉　懷俱順天人。　泰　玘滿州人　劉子鐘玉田人
王　復固安人　李　泰香河人　尹　禮
泰　敬俱涿州人。

正統乙丑科

崔　璵　葉　冕　徐　昌
趙　昂　劉　璉　沈　紀
黃　綬平谷人　董　芳漷縣人

正統戊辰科

沈　義　王　琮　汪　甫
彭　廣　王　讓　劉　泰

華　顯　周　騤俱順天人。　岳　正漷縣人

景泰辛未科

李秉彝　劉　宣　張　海
童　緣　莫　灝　田　斌
楊　祀　張　瑄　鄭　佑
黃　重　周　斌俱順天人。　劉　福香河人

景泰甲戌科

吴　楨　高　舉　李　巽
馮　定　康　驥　鄭　瑞
楊　懋　謝　廉　陳　儼

熊惠俱順天人。 金純平谷人 錢俊

錢源俱薊州人。 牛綸涿州人 劉瑄昌平人

天順丁丑科

展毓 趙英 蔡誌

劉鐸 孫芳 鄭勤

顧正 徐源 左賢

張祥 陶賴正

莫謙 章顒 錢達俱順天人。

龐勝 王冕俱薊州人。 馬桓通州人

羅崇嶽 汪諧俱香河人。 楊琮涿州人

邢表文安人

天順庚辰科

陳峻 汪寛俱順天人。 李温

王聰俱灤縣人。 馬孝祖昌平人

天順癸未科

李東陽 鄭玉 潘琚

李迪 余璽 洪清

張玘 王琮 翁信

戴玉 姜浩 夏景

李琮 曹宏俱順天人。

成化丙戌科

朱鐸 王坪 張淵

林鳳 齊章 金鼒

陳琦 章鎰 顧福

李紳 管曷 段正

余瓚 汪洪 戴祐

沈浩 趙楨俱順天人。 邢謹〔注一〕

閻璟香河人

成化己丑科

舒春 朱紳 李茂

徐謙 葉祚 齊文〔注二〕俱順天人。

胡瓚良鄉人 蕭定涿州人

成化壬辰科

鍾鏞 陳以忠 李瑛

宋仲炌〔注三〕 李瀛 奚銘

王勉 陳塏〔注四〕 李暹俱順天人。

董寧良鄉人

成化乙未科

吳欽 楊奉春 童蘭

張宏 孫賓 張瓚

〔注一〕「邢謹」,《畿輔通志》載爲「三河人」。

〔注二〕「齊文」,《畿輔通志》載爲「灤州人」。

〔注三〕「炌」,《畿輔通志》作「炘」。

〔注四〕「陳塏」,《畿輔通志》「成化壬辰科」無「陳塏」。

馬通　滑浩（俱順天人。）　毛倫（薊州人）

甯賢　張廣（俱通州人。）　田景賢

史俊（俱涿州人。）

成化戊戌科

吴雄　蔡相　趙璧

車璽　朱禮　劉璣

王宏　張璉　胡諒

夏崇文　馬懋　鄭維桓

金福（俱順天人。）　張鎧（平谷人）

成化辛丑科

章啓　王定安　張棋

吴裕　顧景祥　何淮（俱順天人。）

張恕（霸州人）

成化甲辰科

范輪　費鎧　趙竑

崔錦　高平　夏昂

陸瓛　張錞　方榮

湯琮　劉昂（俱順天人。）　歐信

燕忠（俱薊州人。〔注一〕）　劉宗儒（霸州人）　劉永（固安人）

成化丁未科

〔注一〕「薊州」，原本漫漶，據《明武宗實録》卷一百二十三補。

謝通 張贇 孟達
楊潭 房鑑 辛禮
俞琳 沈瓚 李璽
白翱 倪天民 李良
王貫 胡顯宗 潘楷
張瑛 鄧章 陳玉
馮傑俱涿州人。 李鸞 劉泰俱固安人。

弘治庚戌科

黃繡 仲本 時中
張定 呂傑 鐘永
石瑽 丘經 張鼐
陳曦俱順天人。 譚昇平谷人 劉文寵玉田人
王欽固安人

弘治癸丑科

杜旻 徐翊 馬陟
馮清 阮賓 龎璁
夏時 郭瑀 田佑
王獻臣 奚自 李欽
潘衍 黃信 居達
姚學禮 黃清 楊志厚

惠　隆俱順天人。　楊　壽涿州人　于　瑁霸州人
曹　恕俱霸州人。　汪獲麟通州人　董　鋭玉田人

弘治丙辰科

陳　瀾　李　瓚　蔡　栻
張　玠　王　藎　熊　偉
周　鼎　胡　璽　何　俊
傅　習　楊　鳳　陳　淮
崔　暠　夏　鼎　王　禾
荀　鳳　陳天祥　趙　廉
聶　瑄　戴　冕俱順天人。　邢　昭香河人

李　達固安人　崔　璽通州人

弘治己未科

許　銘　徐　江　王　舉
張　明　劉　達　張本端
趙　宗　劉俊民　劉文莊
周　致　張　錦　朱　良
陳伯安　魏　昂　周　檠
林　琦　張維新俱順天人。　官　倫密雲人
張　綸平谷人　梁　材大興人　賈　銓
張　愷通州人　張　宏固安人　崔　旻香河人

蕭選　劉金俱香河人。

弘治壬戌科

李廷相　李璋　楊節
曹崑　朱袞　趙永
徐騰　徐麟　王宗
廖俊　陸鰲　尹綸
段豸　蔣瓊　曹岐
楊恭　賀洪　田中
高屿　李深　姚欽俱順天人。
何義涿州人　蘇軏昌平人　王俸三河人
張天錫霸州人　張禬平谷人

弘治乙丑科

翟鑾　徐縉　金轂
柴義　孫修　張繼孟
劉鵬　張綬　蔡需
張鎔　楊鏓　滕遠
張翰永清人　倪璋　滕紀
顧瑄　王瑶俱順天人。　楊鎡
陳淵　李時　崔傑
蘇明　劉宓俱昌平人。　汪賜香河人

毛玉良鄉人 王鏜平谷人

正德戊辰科

蔡芝 茹鳴鳳 王用賢

錢宏 余志 朱鑑

張行甫 蕭海 薛瑞

朱冕 張英 李璣

盧鋭俱順天人。 田龍三河人 姚信平谷人

正德辛未科

吴楝東安人 徐明 陳桓

郭九皋 翁洪 宋鉞

王璽 王雄 賈啓

金符 張鎧 翁進

于桂 樂選 章綸俱順天人。

頓鋭 王金俱涿州人。 康世臣

張經玉田人 金溓平谷人 劉樸昌平人

正德甲戌科

蕭欣 方楷 曹春

朱敬 馮會 鄭紳

戴仲綸 劉璣 華淳

林馥 葛檜 王道中

王鈞　王暘　孫復初俱順天人。
底蘊文安人　池龍涿州人　蕭孟景三河人

正德丁丑科

文明　張淮　江珊
高璧　范紳　鄭自璧
杜民表　張濂　高夔
尹嗣忠俱順天人。　史道　楊瑀
郭夢麟俱涿州人。　戴繼先香河人　王可學
王正宗俱固安人。　楊泰　趙錦俱良鄉人。

正德庚辰科〔注一〕

安璽　胡昭　高登〔注二〕
朱應昌　魏斑　鄒瓚
李鳳來　吳鯨　徐子貞
周鯨　鮑説　石國柱
田龍　楊鏞　段汝勵
陳貴　谷鸞　王鋭
王傅俱順天人。

正德辛巳科

楊維聰　王煒俱固安人。　錢際通州人
王道涿州人　孫粱昌平人　王楊

〔注一〕明正德庚辰科舉因故推遲一年，至辛巳年舉行，故明正德庚辰科與辛巳科爲同一場。
〔注二〕「高登」，《畿輔通志》中無此人。

王　鈞　　王　暘　　孫復初 順天人。

成　蘊 文安人　　池　龍 涿州人　　蕭孟景 三河人

正德丁丑科

文　明　　張　淮　　江　珊

高　鑾　　范　紳　　鄭自璧

杜民表　　張　濂　　高　夔

尹嗣忠 俱順天人。　　史　道　　楊　璃

郭夢麟 俱涿州人。　　戴繼先 香河人　　王可學

王正宗 俱固安人。　　楊　泰　　趙　錦 宛平人

正德庚辰科（注一）

安　璽　　胡　昭　　高　登（注二）

宋應昌　　魏廷琛　　鄒　贊

李鳳來　　吳　鯨　　徐子貞

周　鯨　　鮑　說　　石國柱

田　龍　　楊　鏞　　段汝勵

陳　貴　　谷　鸞　　王　鋭

王　梯 俱順天人。

正德辛巳科

楊維聰　　王　煒 俱固安人。　　錢　際 通州人

王　道 涿州人　　孫　棨 昌平人　　王　楊

［注一］明正德庚辰科舉因故推遲一年，至辛巳年舉行，故明正德庚辰科與辛巳科爲同一場。

［注二］高登，《畿輔通志》中無此人。

趙時寧固安人

嘉靖癸未科

陳儒 胡偉 茹鳴金

余洲 吕璋 龔治

尚志 徐淮 楊金

范箕 王佑 鐘英

楊鋭 單鉞俱順天人。 李錞

楊行中俱通州人。 屠應坤薊州人 王松固安人

王儀文安人 李欽旻東安人

嘉靖丙戌科

郭秉聰 蔡子舉通州人 程綬通州人

劉繼德 包珊 于慧俱順天人。

楊維傑 蘇民俱固安人。 紀常文安人

李允升涿州人 劉繼先永清人 王維垣永清人

嘉靖己丑科

黄卷 費淵 王仲淵

楊宋謙 徐九臯 曹濡

榮愷 杜彰東安人 高澄固安人

周臣霸州人

嘉靖壬辰科

賈士元 唐國相 白悅
劉璽 吴希孟 楊鎡
張壽 吕懷建俱順天人。 范愛平谷人
蘇志臯 王繼芳俱固安人。 王佩文安人
陳時 楊淪俱涿州人。

嘉靖乙未科

劉澍 姚良弼 章甫
楊守約 徐祚俱順天人。 張良貴文安人
焦璉涿州人 陳堯順天人

嘉靖戊戌科

高節永清人 劉廷儀 郭維清
谷嶠 唐臣俱順天人。 王楠三河人
張思敬固安人 孟廷相霸州人
歐思賢薊州人

嘉靖辛丑科

朱乾亨 陸杲 吴天壽
莫如爵 劉九章 朱應奎俱順天人。
賈鶴年平谷人 趙紳武清人 張重順義人
郭維寧薊州人 叚鍊固安人 馬慎大城人
王顯忠保定人

嘉靖甲辰科

查茂芳　戈九章　陸煒

孫芳俱順天人。　許應亨東安人　叚鑣

張承叙俱固安人。　劉體乾東安人　范克濁霸州人

張守直遵化人　郝陰鳴寶坻人

嘉靖丁未科

莫如士　楊守魯　丘瓚

蔡用義　朱天俸　李豸

陸光祖　郝成性　張求徵□□□人。

史闕疑　史直臣俱涿州人。　紀璿

李秋俱薊州人。　蔣勳　王遴俱霸州人。

葉應乾武清人

嘉靖庚戌科

莫如善　王价　葉恩

紀鳳鳴　王溽　劉效祖

周國卿　孫佳　時通

錢鑄　王鈇俱錦衣衛。　李玳霸州人

劉一麟　崔學履昌平人　符允中永清人

崔棟　王極俱霸州人。　鄭逢陽固安人

叚顧言遵化人　高敏學寶坻人

嘉靖癸丑科

楊綵 夏維純 孫鋌

張大化 郭文輔 梁淮

殷仁 沈瑶 楊君璽

穆寧中 党緒俱順天人。 蕭九緒

蕭九峰俱三河人。 苑囿寶坻人 杜鵬翔

江北俱霸州人。

嘉靖丙辰科

楊行慶順天人 喬伊三河人 任福民順天人

嘉靖己未科

陸光祚 何子受俱順天人。 蔡茂春三河人

黄宏宇 陳應麟 吕鳴珂俱順天人。

劉大受大城人 李樾薊州人 戈九疇

潘一桂 董文寀 楊廷選俱順天人。

沈如麒霸州人 李江順天人 金定平谷人

劉庠順天人 嚴大紀順天人 紀誠東安人

潘良貴順天人 趙雲程大興人 李琦順天人

孫汝翼密雲人 鮑宗沂大興人 高甲

郭大綸俱順天人。

嘉靖壬戌科

郭文和順天人　成鐘音遵化人　張允濟固安人
賈應元遵化人　朱應時順天人　劉之蒙霸州人
嚴鎡　王澤俱順天人。　王以緟文安人
王時舉　盛時選　祝尚義
喬應春俱順天人。　劉時秋寶坻人　武尚賢永清人
吴鎮　李勳俱順天人。　牛應龍固安人
陳定芝順天人　李松大城人

嘉靖乙丑科

徐維楫　李米菲　張磐俱順天人。
李克實玉田人　張燏固安人

隆慶戊辰科

陳萬言　徐學詩　孫錝
劉棻　張書　杜其驕
章禮　蔣桐　張道明
王惟幾文安人

隆慶辛未科

趙鵬程　秦紳　費標
趙楫　洪聲遠　沈涵
張維城　周應中　徐學禮俱順天人。
韓鎧昌平人　郄據德涿州人　茹宗舜遵化人

姜璧　王緘俱文安人。

萬曆甲戌科

孫鑛　李三才　郝國章

徐元春　張汝賢　戈大本俱順天人。

傅好禮固安人　許鋌武清人

萬曆丁丑科

浦卿　李先著　朱應轂俱順天人。

邢孔陽文安人

萬曆庚辰科

李天麟　唐仲寅　賈一鶚俱順天人。

孫先祖玉田人　王應霖　范時葵寶坻人

萬曆癸未科

朱國祚　方從哲　王岳錫

徐大化　沈如法　楊元祥

吕胤昌　沈鳳岐　王騰春

何選　屠如虹俱順天人。　楊應中固安人

劉斯涿州人

萬曆丙戌科

孫承榮　吳文燦　林守信

王嘉謨　王道正　任萬化俱順天人。

岑應春通州人 楊遇東安人 杜允繼
劉爲楫俱霸州人。 馬思恭遵化人

萬曆己丑科

蔡文會 馮有經 章堯相
趙拱極俱順天人。 何其智 郭先復俱固安人。
馬經綸 蔡成巳俱通州人。 王有道霸州人
王應期 賈維鑰遵化人 馮盛明涿州人

萬曆壬辰科

蕭淳 林應元 王愛
金汝升 高攀枝 李本緯
楊惟治俱順天人。 王樂善霸州人 李應魁大城人
王國翼遵化人 姚文蔚順天人

萬曆乙未科

劉餘澤 朱萬鍾俱順天人。 王思任
梁應澤俱宛平人。

萬曆戊戌科

鄭繼芳 王之采 張邦紀
曹爾積 楊文蓰俱順天人。

萬曆辛丑科

毛維騶順天人 王文邁宛平人 王好善寶坻人

王陞文安人　王遠宜霸州人　程大猷
房楠　沈自彰大興人　呂邦耀俱順天人。

萬曆甲辰科

孫承禄順天人　唐嗣美通州人　劉應召昌平人
劉試舉霸州人　王大智玉田人

萬曆丁未科

萬曆庚戌科

張國鋭大興人　朱明時大興人　張士雅霸州人
馮三元三河人

萬曆癸丑科

周鏘　張時雍　楊若梓俱順天人。
劉鍊永清人　張文運三河人　馮銓涿州人
崔呈秀薊州人

萬曆丙辰科

楊維垣順天人　劉餘祐宛平人　雷起龍
張樫芳□□人　姜揚武文安人

萬曆己未科

劉存慧順天人　丁乾學宛平人　劉廷諫通州人
李時苑霸州人　張元芳薊州人

天啓壬戌科

喬　淳宛平人　李若琳順天人　劉漢儒大城人

天啓乙丑科

朱之馮大興人　苑囿蕃宛平人　李應明遵化人

崇禎戊辰科

蕭　譽　王志舉　金　鉉

葛逢夏　周維新　張　星

史可法　曾元寵　永　泰俱順天人。

李寅賓霸州人　房之騏順天人

崇禎辛未科

孫承澤順天人　夏尚絅大興人　朱國壽

吴之芳俱宛平人。　彭國祥大興人　楊若橋通州人

成　德懷柔人　王胤懋霸州人　韓四維昌平人

崇禎甲戌科

康萬民　李　皋　錢良翰俱順天人。

張文輝　張文煶　王應元俱通州人。

張首標玉田人

崇禎丁丑科

劉顯績　王元建俱大興人。　林有本東安人

吴翔鳳順天人　蔣文運大興人　王正中宛平人

唐九經　王　燮俱宛平人。　楊若橋通州人

郝　傑霸州人

崇禎庚辰科

吴邦臣　沈光裕　梁以樟

何　平俱順天人。　李　耿　彭三益

吴從義俱大興人。　張鳳翼宛平人　魏藻德通州人

韓　祥豐潤人

崇禎癸未科

史可程順天人　楊　璥宛平人　鍾性樸順天人

龔之遂大興人　王士捷大興人　金允治順天人

王崇簡宛平人　卜兆麟固安人　杜立德寶坻人

齊檽曜大城人

國朝

順治丙戌科

李奭棠　樓　晟俱大興人。　胡兆龍順天人

朱之弼　林起龍　王士驥

宋　杞　李若琛　張文明

顔永錫　宋　翔俱大興人。　楊　璜

張國憲俱宛平人。　劉澤芳大興人　李　鯨

鄧林瞿　孔胤越　陸　嵩宛平人

楊三知良鄉人　劉　澍永清人　王體晉香河人

朱國俊　胡應徵俱三河人。　陸華疆昌平人
周樸密雲人　樊纘前　劉瀾□□□□。
陳協　王胤祚俱文安人。　劉楗
薛元瑞俱大城人。　劉克家保定人　李及秀玉田人

順治丁亥科

徐兆舉　張弘俊　莊正中
胡昇猷　張能麟　羅森
劉玉瓚俱大興人。　靳龍光順天人　李昌垣
蘇霖　胡惟德　王之鼎
章雲鷺　王熙俱宛平人。　張元樞良鄉人

周繩烈昌平人　丁同益昌平人　郝惟訥霸州人
萬方慶文安人　王建中大城人　李及秀
李長秀　江中楫俱玉田人。　谷應泰
楊泰俱豐潤人。

順治己丑科

姜圖南　梁以桂　徐增美
葉樹德　方于光　王毓恂
徐翀　蕭世贇　崇彝
蔣如瑶　韓有倬　于之挺
孫灝　李長胤俱大興人。　顏敏

張舜舉 謝泰 吴道煌

王辛俱宛平人。 張士甄 侯于廷

雷一龍俱通州人。 汪伯翔武清人 鄭遹玄密雲人

高光夔文安人 周體觀遵化人

順治壬辰科

齊贊宸 祖澤闊 齊贊樞

胡獻瑶 劉名世俱正黄旗。 范承謨

郎廷弼 王瑞 丁思孔

王彥賓俱鑲黄旗。 遲煌 許重華

祖述堯 劉景榮俱正白旗。 閻天祐

張希顔俱正藍旗。 夏世安 習全史

陳永命 王毓祥 李英俱鑲黄旗。

于明睿正藍旗 紀振邊鑲紅旗 田麟

張永棋 陳可畏俱大興人。 譚洪憲順天人

金鋐 方希賢俱宛平人。 劉源澄固安人

楊士烒通州人 崔之瑛霸州人

順治乙未科

楊霖 裴紹宗 康殿邦

張恩斌 齊洪勳俱正黄旗 洪士銘

戴斌 張可立 陳國楨

高瑜　祖澤潛　祖之麟俱鑲黃旗。
朱麟祥　任暄猷　宋國榮
董常國　遲照　遲煊
羅文瑜　鄢翼明　孟述緒
金玉式　張應瑞俱正白旗。　年仲隆
淮清　梁儒　張懷德俱鑲白旗。
寧心祖　劉廣譽　陳年穀
銀文燦俱正紅旗。　喻珩　姚啓盛俱鑲紅旗。
張登舉　張登選俱正藍旗。　朱蒞
寧光璽　錢升　張偉俱大興人。
劉芳躅　陳必成　田種玉
張完臣　劉宗韓固安人　鞏維城永清人
雷湛通州人　馮元濟涿州人　紀元文安人
桑開運　劉毓安俱玉田人。　谷元亨豐潤人

順治戊戌科

沈崇寧大興人　殷觀光　姚祖項俱宛平人。
楊正中　杜繼召　李含春
陳敬俱通州人。　錢中諧昌平人　馮壯保定人
王燦薊州人　戴璽玉田人

順治己亥科

王鼒　蘇宣化　蔣弘道
朱之佐　陳之蘊俱大興人。　張應科固安人
趙之符武清人　井在文安人　王公任
馬璣俱大城人。　曹鼎望豐潤人

順治辛丑科

李時謙　張爾奎俱大興人。　蘇嵋宛平人
陳宏　周世澤俱大興人。　米漢雯
劉芳喆　朱世熙俱宛平人。　賈爆涿州人
張鴻猷通州人　紀星　井厥俱文安人。

康熙甲辰科

秦敬傳　邵宗周　范固
周憲文　王梅俱大興人。　鍾聲之通州人
李有倫豐潤人

康熙丁未科

朱敦厚　胡懋宣　尤子麟俱大興人。
何天寵宛平人　張報魁霸州人　紀愈文安人

康熙庚戌科

傅極正藍旗　高璜鑲黃旗　沈獨立正黃旗
李夢庚鑲白旗　牛鈕正藍旗　王維珍
德格勒俱鑲藍旗。　童煒涿州□保定人。　周釗涿州人

張　烈大興人　孫祚昌　萬　嵩俱順天人。
李　起文安人　祖文謨　沈尚仁俱順天人。
邵秉忠文安人　李録予順天人　楊士炌通州人
辛樂舜固安人　谷元調豐潤人　陳宗彝薊州人

康熙癸丑科

徐元夢正白旗　成　德正黄旗　李基和
白小子　王允琳俱鑲紅旗。　周　昌
花　尚俱鑲藍旗。　葛鳴鵾　宋　鴻
顧　汧　李尚隆俱大興人。　顧祖榮宛平人
余應霖　田成玉俱大興人。　郝惟謨霸州人
井　睦文安人

康熙丙辰科

齊體物正黄旗　雷池昆　高　琯俱鑲黄旗。
卞永寧　石文桂　班達禮
額　騰俱正白旗。　石　禄正紅旗　孟纘祖鑲紅旗
保　民正藍旗　索　柱　曲　震俱鑲藍旗。
宋　繹　高　聯　劉嗣吉俱大興人。
高　裔順天人　李用楫直隸人　劉　彦順天人
郭之祚保定人　文超靈直隸人　裘充美順天人
吴升秀　張　璲　馬振古

張烈大興人　孫祚昌　萬嵩俱順天人。
李𧺆文安人　祖文謨　沈尚仁俱順天人。
邵秉忠文安人　李錄予順天人　楊士份通州人
辛樂舜固安人　谷元調豐潤人　陳宗彝薊州人

康熙癸丑科

徐元夢正白旗　成德正黃旗　李基和
白小子　王允林俱鑲紅旗。　周昌
花尚俱鑲藍旗。　葛鳴臯　宋鴻
顧汧　李尚隆俱大興人。　顧祖榮宛平人
余應霖　田成玉俱大興人。　郝維讃霸州人
井陸文安人

康熙丙辰科

齊體物正黃旗　雷池昆　高琯俱鑲黃旗。
卞永寧　石文桂　班達禮
顏騰俱正白旗。　石祿正紅旗　孟纘祖鑲紅旗
保尼正藍旗　索柱　曲震俱鑲藍旗。
宋繹　高璘　劉嗣古俱大興人。
高裔順天人　李用楫直隸人　劉彥順天人
郭之祚保定人　文超靈直隸人　裘充美順天人
吳升秀　張隆　馬振古

姓名		
閣足興	甄承嗣	高明峻 俱直隸人。
胡忠正	田肇珽 俱順天人。	滑澡德
憲重光	謝公洪	萬懷
楊爾淑	刁克崇 俱直隸人。	李加猷 順天人
李作哲	趙昌齡	李聘 俱直隸人。
康熙己未科		
郝士鐏 霸州人	龔宜生 順天人	李櫺
卜景超 俱固安人。	楊雍 寶坻人	
康熙壬戌科		
袁橋	黃軒 俱大興人。	徐維遠 宛平人
趙珣 武清人	卜峻超 固安人	孫纘功 昌平人
康熙乙丑科		
李子昌 豐潤人	高壽名 大興人	吳琪 大興人
張翥 大興人	鄭恂 豐潤人	
明　舉人		
宋禮	方榮	杜傑
許暘	江英	葛崑
楊本清	劉富	劉機
鄧安	章啓	張宣

劉儆 陸紀 叚以成
康紀宗 馬能 吴雄
陳曦 趙安 方敬
尹頌 劉璽 任源
應珊 何禕 甘昂
劉昂 徐翊 韓曦
張瑜 黄清 孫佐
李粲 何俊 陳濬
丁泰運 王景 郭昆
馬虁 閏景 方鼐
李燦 楊潭 包英
沙賓 尹洪 甘潤
王斌 曹岐 李琪
李維 奚俊 劉淵
張偉 周鼎 符珏
康寧 方文顯 王禾
鍾永 曾政 陳淮
王鳳 王相 傅習
王諭 劉文寵 鍾瑄
江韶 曹儀 劉經

高靖 楊壽 戴冕
夏福 黃信 王瑛
蔚彔 夏麟 阮賓
顧正 張經 龎總
郭成 居達 魏昂
萬祥 曾温 吴延瓚
陳瀾 朱良 鄭瑛
夏誠 章輔 張廣居
葉宗 李溪 周彔
徐鳳 陳天祥 馬聰
劉釗 彭釗 傅瓚
張明 尹綸 李岫
汪舉 倪議 謝賜
雷璋 顧永 楊旭
張龍 周璋 陶山
高釬 夏紘 許讞
朱勝 朱璟 徐天澤
汪淇 魏璄 李潤
陳偉 王瑶 應奎
蔡需 張棨 姚永禎

姚欽　黄鍾　葛會
戴仲綸　陳文玉　吴德温
葛僑　王欽　楊鋭
盛茂　蕭歆　王納
王潮　李金　葉會
王廷舉　鄭傑　盧鋭
蔡芝　朱鑑　許復禮
宋越　龔追　薛瑞
林雍　何翰　張遠
陳愷　陳貴　朱敬

喬木　趙章　胡應奎
高夔　張珠　董馭
汪馴　賈啓　高軒
劉震　樂遷　王正宗
陳逵　徐全　石國柱
葛金　楊鏞　王敬
李經　沃潮　蔣紀
張瑩　李欽承　郭淳
蔡鋭　宋鼒　李鳳來
張軾　沈淮　王暘

高登 王鉞 杜京
顧恩 王紱 費沭
石灌 鄭廷輔 王鈞
鄭文 姚録 駱紹宗
丘校 江珊 鄒讚
王福 陳儒 郭俊
盧洪 陳灝 李進
曹鎧 陸維 甲龍
王熊兆 魏瀾 李欽昊
朱福 党鑑 王可學

魏琎 王民 陳貫
王佐 尹嗣忠 周紳
岳憲 鮑鋭 郭衛民
郭秉聰 賈耕時 夏鍾英
包珊 劉澤 黄軏
楊銓 潘國臣 俞觀
王良相 姜瑶 鄭銘
沈應奇 叚麒 葉稠
吴大器 黄金 沈誠夫
朱綱 徐一夔 徐良輔

湯尹　喬文　謝璧
常昱　崔嶙　江珣
王虔甫　王蓮　戴奇
甄偉　吴夢麟　朱師孟
李清　胡偉　張晟
王侑　楊先祖　邵奎
龔治　王傅　丁介
陳環　汪子静　高進
周應龍　高澄　王畿
魏溥　蔡子舉　林春

陳溶　鄒楊　張譽
王仲錦　楊得祚　丘林
周尚文　李潮　丘甫
程綬　俞忠　翟鎬
徐九皋　田澤　楊守謙
鄭文　羅紳　周臣
賈士元　鄧鎧　楊儼
周以魯　杜承文　李璋
徐銘　曾瀚　沈文奎
唐魯　徐瓚　時春

徐祚　董昂　韓士奎

楊應鑾　王大醇　王宗民

趙言　靳東齊　沈弘訓

唐國相　王居　王欽

張壽　徐應奇　劉璽

藍雲　蔣勳　劉九章

葛璧　楊守魯　陳啓亨

叚子勳　吳天壽　張謙

錢圻　朱儉　葛在

馬洧　田汝耕　邢尚義

黃登　姚良弼　錢祿

齊思　金蘭　唐臣

李元　蔡用義　林悅

陳元甫　陳浩　朱乾亨

劉廷儀　張繼先　孫芳

張賡　姜顯祖　高節

金鰲　王官　沈仲熙

凌雲　江山　吳俊

張先遠　周子德　周國卿

孫佳　查懋昭　費懋文

焦清 王鈇 丁時
任應試 時通 滕霽
何冕 葉應乾 張文林
夏子開 陶大壯 夏子孝
陳策 翟汝儉 陸完
沈譜 張和 聶宗孔
于子載 杜德孚 孫龍
葉應龍 俞恕 孫鎡
謝培齡 錢仲實 謝鳴鸞
王宸 翟鍾玉 陸可承
祝尚義 王良策 郝儒
葉恩 胡欽 周應宿
楊若璽 張問行 孟陽
汪槐 徐維翰 吕瀚
余才用 徐騰 胡文化
汪鑑 羅士賢 任福民
陳浹 李世清 陳文同
李勳 穆寧中 王汝言
嚴鎡 郭大綸 吕恕
王偉 梁淮 楊綵

潘　槐　榮世臣　李先祖
李汝明　王三餘　趙嘉賓
徐元亨　劉時秋　高　魁
趙　輔　戈大本　李　宏
陳應麟　楊　溢　張應宿
陳　鸚　費　桂　白　經
郭文和　俞士元　朱應時
王從仁　戴　桂　崔元吉
劉秉忠　賈文學　張士元
高應選　孫　鈞　孫　鉞
李　鑣　劉　森　張　洪
翟　彬　翟文魁　楊　論
顧登龍　趙洪仁　徐維楫
鄭如瑾　張　岩　劉　琦
魏一圻　王　澤　吴　鎮
楊汝燦　宋崇獻　蔡子齊
陳廷芝　狄　綸　馮　瓚
張道明　劉三畏　王大田
曹志學　韋守仁　王重儒
翟文元　廖　瀾　張維城

魏宗儒　尚　魁　侯天壽
程　洛　張汝禎　李承武
王起潛　王良祐　張守愚
王國珍　季　春　李承恩
周國賢　武懋官　李尚文
康　煒　李雲龍　張承芬
郭文燦　吴邦泰　楊汝瀚
吴惟忠　孫承禄　林清偉
翟文卿　洪　澐　羅永壽
趙光大　林　蕙　吕志伊
劉餘澤　方從直　郭承緒
支如璋　任萬化　田登年
程希堯　鄧汝楫　吴鳴鳳
王存仁　馬凌雲　福文明
栗可仕　劉可立　梁如虹
王國楨　鄭其誼　文　廣
金汝升　蔡文會　張應璧
俞汝謙　楊棟隆　何維誠
晏懋賞　吴惟悌　唐之珽
周道隆　李守仁　孫　鑛

李三才　郝國章　徐元春
張汝賢　戈大本　浦　卿
李先著　朱應轂　李天麟
唐仲寅　賈一鶚　朱國祚
方從哲　王岳錫　徐大任
孫如法　楊元祥　吕胤昌
沈鳳岐　黄騰春　何　選
屠如虹　吴文燦　孫承榮
林守信　王嘉謨　王道正
米萬鍾　梁應澤　王思任
鄭繼芳　馮有經　章堯相
趙拱極　蕭　淳　林名元
王　愛　高攀枝　李本煒
楊維治　王之采　張邦紀
曹爾楨　毛維騶　王文邁
程大猷　房　楠　馬凌雲
福文明　吕邦耀　張國鋭
朱明時　沈自彰　周　鏘
張時雍　楊若梓　楊維垣
王守智　康萬國　楊三宅

酒應星 張益慶 劉餘祐
劉存慧 吴之芳 丁乾學
金顯名 喬淳 苑囿蕃
周維新 譚之林 張胤佳
楊文蒞 蕭譽 王國儁
潘士彦 朱之裔 錢選
李若琳 徐履謨 葛逢夏
劉敬修 房之麒 汪大魁
朱國泰 陳正心 萬邦俊
胡從政 張星 黄鼎
張鳳翼 支永昌 金鉉
劉顯績 王崇簡 馬象乾
張永楨 寧承勳 沈光裕
趙星 史可法 魯元寵
郭永泰 李奭棠 曹泰然
唐九經 盛千齡 孫承澤
夏尚絅 朱國壽 彭國祥
錢良翰 王元建 王爕
李臯 康萬民 許中澤
尹亮 林德馨 孫道纉

<table>
<tr><td>官道顯親</td><td>盲幸上</td><td>冥宦官人至亡</td><td>官圖官王</td><td>官道爵人置王圖</td><td></td><td>人道人顯爵</td><td>置圖人王</td><td>圖官盲道</td><td>幸親上</td><td>盲官顯</td></tr>
<tr><td>爵顯繇</td><td>爵官至</td><td>置繇人置道置人</td><td>人至置</td><td>繇置繇爵道繇</td><td>〈幸〉</td><td>繇亡正亡冥</td><td>道人至人</td><td>繇親王盲</td><td>顯官道</td><td>爵道繇王</td></tr>
<tr><td>道王</td><td>置顯盲道</td><td>顯盲冥至爵正</td><td>爵置顯道繇王</td><td>正顯爵亡置</td><td>圖置人顯置</td><td>道圖亡圖</td><td>王人人道置</td><td>冥親道圖爵</td><td>圖幸顯爵</td><td>道官</td></tr>
</table>

傅作衡 楊璜 吳翔鳳
毛永齡 莫爾濬 房之屏
張國光 楊襄言 藺雲蛟
張羽翀 莊文祚 徐運昌
甯承烈 彭三益 王允琡
王鼐 馬如繹 吳國錦
蔣文運 林有本 李復陽
魯道焜 劉砥中 張繼盛
錢光泰 黃日乾 黃廷弼
范邦瞻 劉顯芳 梁以樟
李子和 龔之遂 王以約
王振宗 史可程 蕭亮
鄧林瞿 石朝柱 吳從義
沈勷 王士捷 李運長
何平 曹國柄 李耿
楊璥 王鼐 辛民
湯大臨 金鎮 劉澤芳
鍾性樸 于上達 蕭炎
姜圖南 宋藩 徐自礪
臧楫 王執中 韓四科

宋光賢　丁時　閔先箕
倪純　王任杞　李元起
夏之中　錢廣居　常朝珖
劉滂　張誠　傅好禮
魏淡　李凱　張林
張嵓　張士　王輔
祁冨　蘇林　李誠
蕭本　李擴　陳謨
毛通　侯謀　趙瑄
高䄍　高舉　謝鬲
張紳　王堯卿　朱鐸
楊譽　毛沂　楊尚約
邢嚴　崔林　劉埜
焦鐸　范凱　許忠
張博　王佐　李新
李春　許成　李仲
施紳　周尚文　趙寬
李憲　胡綸　趙鸞
李慧　王佐　王宗義
張本　黃鶴齡　劉大有

この文書は篆書体（てんしょたい）で書かれた漢字が縦書きで配列された表組みです。印影が薄く不鮮明なため、個々の文字を正確に判読することは困難です。

中央列に確認できる文字：

一〇七

（右半分）□□□□

（表の中央付近）□□□史□□□□（篆刻字）

閻登　孟絨　張文舉
吳桐　李大經　邵鳴岐
李世清　魏枏　龐梅
李應期　劉順性　楊遇
林應元　吳惟忠　福文明
郭習　陸鏞　郭斌
石鼐　王植　蕭銳
李沔　李鏞　劉相
孟天祥　鍾秀　聶守中
吳一龍　羅潮　喬傅
邢士元　李貴節　魏勉
牛亨　魯瞻　周源
許子英　李濬　徐盛
李明　李振　李增
李儀　葉林　葉彬
王輔　聶宗元　張祥
陳簠　許琦　田均
郝郁　趙簡　畢衷
梁真　牛盛　王琩
孫子賢　韓春　王璲

陳志　康定　梁善
楊銓　敦信　薛恭
劉鑑　王麟　崔昂
李達　劉聰　王忻
徐用　王鸞　劉文奎
蕭瓛　許鏞　張寶
劉麟　劉思恭　李倫
何南　張麒　崔冕
李文淵　楊世家　文慶
潘九徵　李清　潘潤
崔鋭　于喬　王朝用
賀惠　余昇　吉俊
賈宗鏞　魯鍇　張鑄
張鎧　賈源　倪恩
郝宣　劉永堅　張瑁
張綸　張鎰　金澄
錢傑　賈真儒　王文昌
張雲衢　劉宗儒　唐相
王澄　王安世　路中
范愛　張斌　李撝

張詵 璩玉 張琦
蘇政 張儒 王世康
王隨 劉源 謝迪
張翥 馬麟 張雲
金綬 宮塘 姚信
張會 王鋭 于瀅
王講 金宙 蘇敏
郝端 李政 孫禄
趙聰 侯復 唐郁
許詔 陳俊 侯宣
索睿 劉泰 王濟
梁鐸 韓芬 李鎧
劉奎 劉嗣 趙思仁
俞敏 郭衛民 朱祓
韓鎧 李宏 張翰
丁餘慶 陳顒 盧旺
高厚 單翱 薛謙
李詳 田崇 陶榮
王昇 盧誠 杜時
李傑 李璣 李惠

李憲　盧楫　李滄
李淳　高光祖　仇仁
祝文冕　祝希哲　劉餘澤
孔顒　田彬　孟聚
張輪　曹顯　王規
杜貴　趙易　張騰
王名　崔昇　田嵩
劉震　顧瑛　何瑛
杜鐙　趙良　錢貫
崔璘　于玭　李禧

沈文　黃鐸　田世芳
張璵　劉洪　顧良弼
王鑑　張來儀　張來鳳
江東　范延安　周紳
范暘　趙希良　隆文良
郭文瑞　趙溥　韓誼
房有容　李瑚　顧廷
顧廉　懋世緒　周榮
李逵　王榮　孟琦
王惟一　傅昇　劉紀

郭齡　路逵　句瞻
傅吉　張著　何謙
馬亮　王紹　馮志
何濟　張堯佐　王鑰
張旻　戴魁　馬齡
梁冠　蔡如菖　劉汝爲
李學　李應期　楊常
吴贇　薛謙　孫麟
蔡陞　張顯　蔡興
宋輅　蔡學易　王誥

于翰　劉銓　馮鎮
馮鉞　張汝棟